AF202350

Mitglied der Verlagsgruppe „engagement"

5. Auflage 2023
© 2009 Verlagsanstalt Tyrolia, Innsbruck
Umschlaggestaltung: **Nele Steinborn**, unter Verwendung
eines Bildes von **Susanne Maier**
Layout und digitale Gestaltung: **Nele Steinborn, Wien**
Druck und Bindung: **L.E.G.O., Vicenza** (I)
ISBN 978-3-7022-3038-8 (Normalausgabe)
ISBN 978-3-7022-3039-5 (Kunstlederausgabe)
E-Mail: buchverlag@tyrolia.at
Internet: www.tyrolia-verlag.at

Mein
Erstkommunion
Gebetbuch

ausgewählt von Anna Hintner
illustriert von Susanne Maier

Tyrolia-Verlag · Innsbruck-Wien

Inhalt

Gebete für das Jahr

Gebete für das Leben

Grüß Gott!

Hast du schon einmal darüber nachgedacht,
warum Freunde so wichtig sind im Leben?
Weil sie mit uns lachen und weinen, spielen
und Pläne schmieden, reden und zuhören,
uns trösten und begleiten.
Gott ist solch ein guter Freund, nicht nur für
die schönen, auch für die weniger guten und
schlimmen Tage.
Und das Beste: Gott hat immer Zeit, er hört
zu, ist nie beleidigt und er kann immer helfen,
auch wenn du es vielleicht nicht siehst.
Du kannst ihm alles erzählen mit eigenen
Worten, mit Bildern oder …
Wenn du nach Worten suchst, wenn du ge-
meinsam mit deiner Familie beten oder feiern
willst, oder wenn du so beten willst, wie
schon viele Menschen vor dir, dann blättere
in diesem Buch …
Es soll für dich ein treuer Begleiter auch nach
dem Tag deiner Erstkommunion werden.

Deine Anna

Das Kreuzzeichen

Wo Himmel und Erde sich verbinden

Im Namen des Vaters

und des
Heiligen
Geistes

Amen

und des Sohnes

ich denke an dich  Kreuzzeichen
auf die Stirn

ich erzähle von dir  Kreuzzeichen
auf den Mund

ich spüre, du bist
bei mir  Kreuzzeichen
auf die Brust

Vater unser

Das Gebet des Herrn

Vater unser im Himmel,
geheiligt werde dein Name.
Dein Reich komme.
Dein Wille geschehe,
wie im Himmel so auf Erden.
Unser tägliches Brot gib uns heute.
Und vergib uns unsere Schuld,
wie auch wir vergeben
unsern Schuldigern.
Und führe uns nicht in Versuchung,
sondern erlöse uns von dem Bösen.

Denn dein ist das Reich und die Kraft
und die Herrlichkeit in Ewigkeit.
Amen.

Ehre sei dem Vater

Ein Lobpreis

Ehre sei dem Vater
und dem Sohn
und dem Heiligen Geist,
wie im Anfang,
so auch jetzt und alle Zeit
und in Ewigkeit.
Amen.

Ave Maria

Ein besonderer Gruß

Gegrüßet seist du, Maria,
voll der Gnade,
der Herr ist mit dir.
Du bist gebenedeit unter den Frauen,
und gebenedeit ist die Frucht
deines Leibes, Jesus.

Heilige Maria, Mutter Gottes,
bitte für uns Sünder
jetzt und in der Stunde unseres Todes.
Amen.

Gebenedeit heißt gelobt und gesegnet.

Taufversprechen

An was uns das Weihwasser erinnert

Ich widersage:

all dem, was mein Herz von Gott entfernt,
was mich entfernt von der Liebe zu Gott,
zum Nächsten und zu mir selbst;

allen Verlockungen,
die nicht der Liebe dienen:
der Verlockung, mir selbst zu genügen
und andere zu übersehen.

Ich glaube:

an Gott,
an den Gott, der mich liebt und will,
dass wir einander lieben,
der die ganze Welt geschaffen hat
und uns die Verantwortung gab,
darin in Frieden und Gerechtigkeit zu leben;

an Jesus Christus,
der wie wir als Mensch gelebt hat,
der für das Reich Gottes, das schon hier
auf Erden beginnen soll, eingetreten ist,
der dafür gelitten hat und dafür gestorben ist
und der auferstanden ist;

an den Heiligen Geist,
an die Kraft, die von Gott ausgeht und stärkt,
an die Gemeinschaft der Christen,
die Auferstehung der Toten und das ewige Leben.
Amen.

Der Rosenkranz

Die Gebetsperlen

Ehre sei dem Vater ...

Jesus, der in uns
die Liebe entzünde

Jesus, der in uns
die Hoffnung stärke

Jesus, der in uns den
Glauben vermehre

Die glorreichen Geheimnisse

Gegrüßet seist du Maria … und gebenedeit

ist die Frucht deines Leibes, Jesus,

der von den Toten auferstanden ist

der in den Himmel aufgefahren ist

der uns den Heiligen Geist gesendet hat

der dich, Maria, in den Himmel
aufgenommen hat

der dich, Maria, im Himmel gekrönt hat

Psalm 23

Der gute Hirte

Der Herr ist mein Hirt,
er führt mich an Wasser des Lebens.

Der Herr ist mein Hirt,
nichts wird mir fehlen.

Er lässt mich lagern auf grünen Auen
und führt mich zum Ruheplatz am Wasser.

Auch wenn ich gehe im finsteren Tal,
ich fürchte kein Unheil;
denn du bist bei mir,
dein Stock und dein Stab,
sie trösten mich.

Der Herr ist mein Hirt,
er führt mich an Wasser des Lebens.

Auszug

Psalm 150

Der große Lobgesang

Lobt Gott in seinem Heiligtum,
lobt ihn, er ist mächtig und groß.

Lobt ihn mit dem Schall der Hörner,
lobt ihn mit Pauken und Tanz.

Lobt ihn mit Saiten und Flöte,
lobt ihn mit Spiel und Gesang.

Lobt ihn mit dem Lachen der Kinder,
lobt ihn mit der Freude am Leben.

Alles, was atmet,
lobe den Herrn!

Auszug neu formuliert

Psalm 139

Gott, du bist gütig und allwissend

Herr, du hast mich erforscht und kennst mich.
Ob ich sitze oder stehe, du kennst es.
Ob ich gehe oder ruhe, du hast es gemessen.
Du bist vertraut mit all meinen Wegen.

Ja, noch nicht ist das Wort auf meiner Zunge,
siehe, Herr, da hast du es schon völlig erkannt.
Von hinten und von vorn hast du mich
umschlossen, hast auf mich deine Hand gelegt.

Zu wunderbar ist für mich dieses Wissen,
zu hoch, ich kann es nicht begreifen.
Du selbst hast mein Innerstes geschaffen,
mich gewoben im Schoß meiner Mutter.

Ich danke dir, dass ich so staunenswert und
wunderbar gestaltet bin.
Ich weiß es genau: Wunderbar sind deine
Werke.

Auszug

Meditation

Litanei oder Wechselgebet

Du großer Gott …   Wir preisen dich.
Du liebender Gott …   Wir preisen dich.

Du allmächtiger Gott …   Wir preisen dich.
Du hast Himmel und Erde geschaffen.   W. p. d.

Du hast die Menschen geschaffen.   W. p. d.
Du liebst uns alle.   Wir preisen dich.

Du weißt, was wir brauchen.   Wir preisen dich.
Du bist immer bei uns.   Wir preisen dich.

Du tröstest uns.   Wir preisen dich.
Du hilfst uns.   Wir preisen dich.

Du verzeihst uns.   Wir preisen dich.

Magnifikat

Der Lobgesang Mariens

Meine Seele preist die Größe des Herrn,
und mein Geist jubelt über Gott, meinen Retter.

Denn auf die Niedrigkeit seiner Magd hat er
geschaut.
Siehe, von nun an preisen mich selig alle
Geschlechter!

Denn der Mächtige hat Großes an mir getan,
und sein Name ist heilig.

Er erbarmt sich von Geschlecht zu Geschlecht
über alle, die ihn fürchten.

Er vollbringt mit seinem Arm machtvolle Taten.
Er zerstreut, die im Herzen voll Hochmut sind.

Er stürzt die Mächtigen vom Thron
und erhöht die Niedrigen.

Die Hungernden beschenkt er mit seinen Gaben
und lässt die Reichen leer ausgehn.

Er nimmt sich seines Knechtes Israel an
und denkt an sein Erbarmen,
das er unseren Vätern verheißen hat,
Abraham und seinen Nachkommen auf ewig.

Ehre sei dem Vater und dem Sohn
und dem Heiligen Geist,
wie im Anfang, so auch jetzt und alle Zeit
und in Ewigkeit. Amen.

Lukasevangelium 1,46–55

Schuldbekenntnis

Es tut mir leid

Ich bekenne
Gott, dem Allmächtigen,
und allen Brüdern und Schwestern,
dass ich Gutes unterlassen
und Böses getan habe –
ich habe gesündigt in Gedanken,
Worten und Werken –
durch meine Schuld, durch meine Schuld,
durch meine große Schuld.

Darum bitte ich die selige Jungfrau Maria,
alle Engel und Heiligen und euch,
Brüder und Schwestern,

für mich zu beten bei Gott, unserem Herrn.

Kyrie – Herr, erbarme dich

Jesus, mein Herr und Heiland

Kyrie eleison.
Christe eleison.
Kyrie eleison.

Herr, erbarme dich.
Christus, erbarme dich.
Herr, erbarme dich.

Wir nennen Jesus Christus Kyrios.
Das ist ein griechisches Wort und bedeutet
Herr oder König.

Gloria

Ein Loblied

Ehre sei Gott in der Höhe
und Friede auf Erden
den Menschen seiner Gnade.
Wir loben dich,
wir preisen dich,
wir beten dich an,
wir rühmen dich und danken dir,
denn groß ist deine Herrlichkeit.

Herr und Gott,
König des Himmels,
Gott und Vater, Herrscher über das All,
Herr, eingeborener Sohn, Jesus Christus.

Herr und Gott, Lamm Gottes,
Sohn des Vaters,
du nimmst hinweg die Sünde der Welt:
erbarme dich unser;
du nimmst hinweg die Sünde der Welt:
nimm an unser Gebet;
du sitzest zur Rechten des Vaters:
erbarme dich unser.

Denn du allein bist der Heilige,
du allein der Herr,
du allein der Höchste:
Jesus Christus, mit dem Heiligen Geist,
zur Ehre Gottes des Vaters.
Amen.

Glaubensbekenntnis

Gott ist Anfang und Ende

Ich glaube an Gott,
den Vater, den Allmächtigen,
den Schöpfer des Himmels und der Erde,

und an Jesus Christus,
seinen eingeborenen Sohn,
unsern Herrn,
empfangen durch den Heiligen Geist,
geboren von der Jungfrau Maria,
gelitten unter Pontius Pilatus,
gekreuzigt, gestorben und begraben,
hinabgestiegen in das Reich des Todes,

am dritten Tage
auferstanden von den Toten,
aufgefahren in den Himmel;
er sitzt zur Rechten Gottes,
des allmächtigen Vaters;
von dort wird er kommen,
zu richten die Lebenden und die Toten.

Ich glaube an den Heiligen Geist,
die heilige katholische Kirche,
Gemeinschaft der Heiligen,
Vergebung der Sünden,
Auferstehung der Toten
und das ewige Leben.
Amen.

Sanktus – heilig, heilig, heilig

In den Gesang der Engel einstimmen

Heilig, heilig, heilig,
Gott, Herr aller Mächte und Gewalten.
Erfüllt sind Himmel und Erde
von deiner Herrlichkeit.
Hosanna in der Höhe.
Hochgelobt sei,
der da kommt im Namen des Herrn.
Hosanna in der Höhe.

Nach der Kommunion

Dankgebet

Herr Jesus,
du bist zu mir gekommen
im heiligen Brot.
Du willst mich stark machen für
das Leben.
Du willst mein ganzes Leben erfüllen.
Danke, dass du ganz nah bei mir bist.
Danke, dass ich ganz nah bei dir sein kann.
Bleib bei mir und begleite mich.
Amen.

Dankgebet

Jesus, du bist zu mir gekommen im Brot.
Dieses Brot schenkt mir Hoffnung,
es vertreibt die Traurigkeit,
es weckt die Freude in mir.

Lass mich diese Hoffnung zu den Menschen
tragen,
hilf mir, Traurigkeit zu vertreiben,
lass mich Freude bringen,
deine Freude für alle Menschen.

Damit alle sehen,
dass du ein Gott der Freude bist.
Damit alle spüren,
dass du sie liebst.
Damit in allen Hoffnung wächst.

Danke, Jesus, dass du mit mir gehst.

Dankgebet

Danke, Jesus,
dass du im heiligen Brot
zu mir gekommen bist.

Lass mich spüren,
dass du ganz nah bei mir bist.
Schenke mir Kraft und Freude,
dass ich sie weiterschenken kann.

Bleib bei mir,
wenn ich nach Hause gehe.
Sei bei mir, wenn ich fröhlich bin.
Sei bei mir, wenn ich traurig bin.

Jesus, geh du mit mir.

Morgengebete

Lieber Gott!
Alles, was wir heute tun,
spielen, lernen, beten, ruhn,
soll geschehn in deinem Namen
und mit deinem Segen.
Amen.

Oh Gott, du hast in dieser Nacht,
so wunderbar für mich gewacht.
Ich lob und preise dich dafür
und dank für alles Gute dir.
Begleite mich auch diesen Tag,
was immer er mir bringen mag.
Und was ich denke, red und tu,
das segne Gott im Himmel du.
Amen.

Wo ich gehe,
wo ich stehe,
bist du, lieber Gott, bei mir.
Wenn ich dich auch niemals sehe,
weiß ich sicher,
du bist hier.
Amen.

Ein neuer Tag ist da.
Hab Dank für Schlaf und Ruhe
und sei mir heute nah
bei allem, was ich tue.
Amen.

Gott, ich kann dich gar nicht sehen

Mein Gott, ich kann dich gar nicht sehen,
und doch sagst du: Ich bin bei dir.
Mein Gott! Wie soll ich das verstehen?
Ich bitte dich, komm zeig es mir!

Bist du ein Licht mit bunten Strahlen,
das meinen dunklen Weg erhellt?
Kann ich dich wie die Sonne malen,
die morgens in mein Zimmer fällt?

Bist du ein Haus aus dicken Steinen
mit Fenstern und mit einem Dach?
Gibst du den Großen und den Kleinen
stets ein Zuhause Tag und Nacht?

Bist du ein Lied, das alle singen,
weil seine Melodie so schön,
bei dem wir lachen, tanzen, springen
und lauter gute Dinge sehn?

Reinhard Bäcker

Was der Tag wohl bringen mag?

Lieber Gott,
gib mir Gelassenheit,
Dinge hinzunehmen,
die ich nicht ändern kann;

gib mir den Mut,
Dinge zu ändern,
die ich ändern kann;

und gib mir die Weisheit,
das eine vom anderen zu unterscheiden.

Nur für heute

Nur für heute
werde ich fest glauben,
selbst wenn alles dagegen spricht,
dass du, o Gott,
dich um mich kümmerst,
als gäbe es sonst niemanden
auf der ganzen Welt.

Nur für heute
werde ich keine Angst haben.
Ganz besonders werde ich
keine Angst davor haben,
mich über alles zu freuen,
was schön ist,
und an das Gute
in der Welt zu glauben.
Amen.

Johannes XXIII.

Es geht mir nicht gut, lieber Gott

Ich bin noch müde, lieber Gott,
ich habe schlecht geschlafen
und ich fürchte mich vor diesem Tag.

Kannst du mir einen Engel schicken,
der hinter mir steht,
damit die Angst mich nicht
überfallen kann.

Kannst du mir einen Engel schicken,
deinen Engel,
damit ich heute nicht allein bin.

Kannst du mir einen Engel schicken,
deinen Engel,
dass ich dran glauben kann,
dass du, o Gott,
dich um mich kümmerst.

Hilf mir deinen Engel zu sehen. Amen.

Segensgebete

Schutzengelgebete

Schutzengel mein,
ich bitte dich,
begleite und beschütze mich.
Amen.

Heiliger Schutzengel mein,
lass mich dir empfohlen sein;
in allen Nöten steh mir bei,
und halte mich von Sünde frei.
An diesem Tag, ich bitte dich,
beschütze und bewahre mich.
Amen.

Auch du hast einen Engel

Auch du hast einen Engel.
Spürst du den Flügelschlag seiner Nähe nicht?
Dein Engel wohnt im unendlichen Licht
und ist doch stets um dich bedacht.

Er weiß, wer du bist, er kennt dich ganz,
denn im strahlenden himmlischen Glanz
schaut er, wozu Gott dich erdacht.

So trau deinem Engel, wenn er dich führt,
trau ihm, wenn er dich zärtlich berührt
und dir die himmlische Botschaft bringt.

Er ist es, der das Wort der Liebe dir sagt.
Er ist es, in dem Gott nach dir fragt
und dir das Lied des Himmels singt.

Wie die Sonne am Morgen

Gottes Liebe gehe auf über mir
wie die Sonne am Morgen,
und er lasse sein Angesicht leuchten
über mir, schöner als sie strahlt.

Er erfülle mich mit seinem Licht
und schenke mir Freude,
in den Tag hineinzugehen,
der mir heute neu geschenkt ist.

Er gebe mir Freude am Leben
und helfe mir, auf seine Hinweise
zu vertrauen,
die mir seine Nähe anzeigen.

Er schenke mir Phantasie und Geduld,
um die Aufgaben meines Tages
zu erledigen,
und Mut, wenn sich Hindernisse mir
in den Weg stellen.
Dazu schenke er mir seinen Segen.

Segne und begleite mich

Ich wünsche dir,
dass du deinen Tag mit einem Lachen
beginnen kannst,
dass du dich auf die Aufgaben freust,
die auf dich warten,
und auf die Menschen,
die dir begegnen werden.

Ich wünsche dir Geduld,
um das zu ertragen,
was dir unnötig erscheint,
und um Aufgaben zu lösen,
die dir zu schwierig erscheinen.

Ich wünsche dir,
dass dich auf deinen Wegen ein Engel umgibt,
der dich behütet in allem,
was dir Angst macht und dich bedroht.

Dazu segne und begleite dich
Gott, der dich liebt.

Wenn du das Haus verlässt

Gott segne dich,
wenn du das Haus verlässt
und dich auf den Weg machst zu deinen
täglichen Aufgaben.

Er schenke dir Freunde,
die dich begleiten,
die deine Freude teilen
und dein Leid.

Er lasse deine Pläne gelingen
und dich nicht verzweifeln,
wenn alles anders wird als gedacht.

Er zeige dir, wann es besser ist
etwas zu tun und wann es besser ist
abzuwarten.

Der Gott, der uns Menschen nahe ist,
segne dich.

Gott gebe dir Augen

Gott gebe dir Augen,
die aufmerksam das sehen,
was die Menschen von dir brauchen.

Gott gebe dir Ohren,
die nicht müde werden,
dem Glück und der Not
der Menschen zu lauschen.

Gott gebe dir einen Mund,
der ein Wort des Trostes
und der Liebe findet.

Gott gebe dir Füße,
die den rechten Weg finden
und sich nicht scheuen vor den
Schritten, die du gehen musst.

Dazu segne dich Gott der Herr,
der mit dir geht.

Tischgebete (Bitte)

Komm Herr Jesus,
sei unser Gast
und segne,
was du uns gegeben hast.
Amen

Wir haben genug zu essen,
wir werden täglich satt,
lass uns den nicht vergessen,
der nichts zu essen hat.
Amen.

Alle guten Gaben,
alles, was wir haben,
kommt, o Gott, von dir;
Dank sei dir dafür.

O Gott, von dem wir alles haben,
wir danken dir für diese Gaben.
Du speisest uns, weil du uns liebst.
O segne auch, was du uns gibst.
Amen.

Herr, segne uns und diese Gaben,
die wir von deiner Güte nun empfangen,
durch Christus, unsern Herrn.
Amen.

Lieber Gott, wir danken dir
für das gute Essen hier.
Amen.

Wir danken dir, du treuer Gott,
auch heut für unser täglich Brot:
Lass uns in dem, was du uns gibst,
erkennen, Herr, dass du uns liebst.
Amen.

Gepriesen bist du, Herr, unser Gott.
Aus deinen Händen empfangen wir das Brot,
das uns nährt und stärkt.
Segne diese Speisen
und gib in deiner Güte allen Menschen,
was sie zum Leben brauchen.
Amen.

Aus der braunen Erde
wächst unser täglich Brot.
Für Sonne, Wind und Regen
danken wir, o Gott.
Was auch sprießt in unserm Land,
alles kommt aus deiner Hand.
Amen.

Wir pflügen und wir streuen

Wir pflügen und wir streuen
den Samen auf das Land,
doch Wachstum und Gedeihen
steht nicht in unsrer Hand.

Du sendest Tau und Regen
und Sonn' und Mondenschein.
Von dir kommt aller Segen,
von dir, o Gott, allein.

Alle guten Gaben
alles was wir haben,
kommt, o Gott, von dir,
wir danken dir dafür.
Amen.

Volkslied

Was uns die Erde Gutes spendet

Was uns die Erde Gutes spendet,
was unsrer Hände Fleiß vollbracht,
was wir begonnen und vollendet,
sei, Gott und Herr, zu dir gebracht.

Friedrich Dörr

Drum segne diese Gaben
und alles, was wir haben,
lass alles hier auf Erden,
zum Segen für uns werden.
Amen.

Tischgebete (Dank)

Dir sei, o Gott, für Speis und Trank,
für alles Gute Lob und Dank.
Du gabst, du wirst auch künftig geben.
Dich preise unser ganzes Leben.
Amen.

Wir danken dir, Herr, Gott, himmlischer Vater,
dass du uns Speise und Trank gegeben hast.
Lass uns teilhaben am ewigen Gastmahl.
Amen.

Herr und Vater,
wir danken dir für dieses Mahl.
Du hast uns heute neu gestärkt.
Hilf uns in deiner Kraft,
dir und unseren Mitmenschen zu dienen.
Amen.

Das Mahl, das wir gegessen, erinnert uns:
Wir sind eine Gemeinschaft
hier um diesen Tisch
und du bist mitten unter uns.
Gott, wir danken dir dafür.
Amen.

Wir danken dir, Gott,
für das Zusammensein,
für die Menschen, die wir lieben,
und für jedes gute Wort,
für Speise und Trank
und für alles, was uns am Leben erhält.
Wir danken dir, dass wir das Leben genießen
können,
und dafür, dass du mitten unter uns bist.
Amen.

Gebete für die Freizeit

Es ist schön, solche Freunde zu haben

Ich möcht dir danken,
mein Herr und mein Gott,
für alle Freunde, die ich hab.
Ich brauch den langen Weg
nicht mehr allein zu gehn,
kann mich mit den anderen freun,
wir können miteinander die Liebe sehn,
ich freu mich, Herr,
denn ich bin nicht allein.

Es ist ein wunderbares Gefühl,
zu wissen, dass es jemand gibt,
auf den du dich wie ein Blinder
verlassen kannst,
und wo du niemals verlassen bist,
auf den du hundertprozentig bauen kannst,
sodass kein Baustein verloren ist.

Ich möcht dir danken,
mein Herr und mein Gott,
für alle Menschen auf der Welt,
für all die Tausenden,
die ich noch gar nicht kenn,
für die, von denen ich schon mal gehört,
für die, die ich voller Stolz
meine Freunde nenn,
und die, die dieser Name nicht stört.

Es ist schön, solche Freunde zu haben,
es ist schön, nicht allein zu sein.
Es ist schön, solche Freunde zu haben.
Ich bin nie mehr allein.

Leo Lukas

Sonnengesang des hl. Franziskus

Höchster, allmächtiger, guter Herr,
dein ist das Lob, die Herrlichkeit und Ehre
und jeglicher Segen.
Dir allein gebühren sie, Höchster,
und kein Mensch ist würdig,
dich zu nennen.

Gelobt seist du, mein Herr,
mit allen deinen Geschöpfen,
besonders der Schwester Sonne,
die uns den Tag schenkt
und durch die du uns leuchtest.
Und schön ist sie und strahlend
mit großem Glanz:
von dir, Höchster, ein Sinnbild.

Gelobt seist du, mein Herr,
für den Bruder Mond und die Sterne,
am Himmel hast du sie geformt,
klar, kostbar und schön.

Gelobt seist du, mein Herr,
für jene, die verzeihen um deiner Liebe willen
und Krankheit ertragen und Not.
Selig, die ausharren in Frieden,
denn du, Höchster, wirst sie einst krönen.

Gelobt seist du, mein Herr,
für unseren Bruder,
den leiblichen Tod,
kein lebender Mensch kann ihm entrinnen.
Wehe jenen, die in tödlicher Sünde sterben.
Selig, die er finden wird
in deinem heiligsten Willen,
denn der zweite Tod wird ihnen
kein Leid antun.

Lobet und preiset den Herrn
und dankt und dient ihm
mit großer Demut.
Amen.

Auszug

Ich spüre deinen Geist

Gott! Ich spüre deinen Geist in mir,
wenn ich etwas Schönes sehe
und mich riesig freue.

Ich spüre deinen Geist in mir,
wenn ich etwas tun will,
was nicht richtig ist.

Ich spüre deinen Geist in mir,
wenn ich gemein war
und mich schäme.

Ich spüre deinen Geist in mir,
wenn jemand sagt:
Das hast du gut gemacht.

Ich spüre deinen Geist in mir,
wenn mir warm ums Herz wird,
weil jemand mich mag.

Wie kann man alle Menschen liebhaben?

Gott, mit meiner Schwester ist es zum
Verzweifeln.
Sie zankt und streitet den ganzen Tag.
Sie lässt mich nicht in Ruhe.
Ich könnte sie verwünschen.
Ich mag sie nicht, wirklich,
ich mag sie nicht.

Aber manchmal meine ich,
sie sei die netteste Schwester von der Welt.
Dann gefällt sie mir, dann habe ich sie lieb.
Ich kriege das nicht zusammen, dieses Mögen
und Nicht-Mögen.
Wie machst du das nur, Gott,
dass du alle Menschen liebhast?
Zeig es mir.

Marielene Leist

Abendgebete

Müde bin ich, geh zur Ruh,
schließe meine Augen zu.
Vater, lass die Augen dein
über meinem Bette sein.
Amen.

Gott, der du heut über mir gewacht,
beschütze mich auch diese Nacht.
Du sorgst für alle, groß und klein,
drum schlaf ich ohne Sorgen ein.
Amen.

Bevor ich mich zur Ruh begebe,
zu dir, o Gott, mein Herz ich hebe,
und sage Dank für jede Gabe,
die ich von dir empfangen habe.
Amen.

Lieber Gott, ich schlafe ein,
lass mich ganz geborgen sein.
Die ich liebe, schütze du.
Decke allen Kummer zu.
Kommt der helle Morgenschein,
lass mich wieder fröhlich sein.
Amen.

Nun geht der Tag zu Ende,
ich falte meine Hände
und freue mich auf morgen.
Bei Gott bin ich geborgen.
Amen.

Alles hast du, Gott, gemacht

Alles hast du, Gott, gemacht,
die herrliche Welt,
den Tag und die Nacht.
Danke für alles Schöne,
das wir heute erlebt haben.
Behüte unsere Familie und unsere Freunde.
Ich mag sie,
und ich bin froh, dass sie mich mögen.
Jesus, bleib bei mir,
wenn ich jetzt schlafe.
Amen.

Habe ich heute, mein Gott ...

Habe ich heute, mein Gott,
deinen Willen getan?
Habe ich wenigstens einmal
darüber nachgedacht,
was dein Wille sein könnte?

Habe ich heute, mein Gott,
irgendeinem Menschen
etwas Gutes getan?
Oder habe ich nur an das gedacht,
was mir nützt?

Habe ich heute, mein Gott,
einmal Pause gemacht,
um zu mir selbst zu kommen,
um mit dir zu sprechen,
um dein Wort zu hören
im Alltagslärm?

Habe ich heute, mein Gott,
diesen Tag gelebt?

Gott, ich habe Angst

Lieber Gott,
meine Hände sind kalt.
Ich komme mir ganz verloren vor.
Ich habe Angst.
Ich fürchte mich,
wenn meine Eltern nicht da sind.
Ich fürchte mich,
wenn das Zimmer dunkel ist.
Ich fürchte mich,
wenn ich draußen keine Sterne sehe
und der Mond noch nicht aufgegangen ist.
Ich fürchte mich,
wenn es blitzt und der Donner grollt.

Lieber Gott,
ich weiß, dass du mich lieb hast.
Ich weiß, dass ich nicht allein bin,
weil du über mich wachst.
Nimm die Angst von mir, bitte.
Amen.

Gott ist wie eine Kuscheldecke

Mein Gott, ich kann dich gar nicht sehen,
und doch sagst du: Ich bin bei dir.
Mein Gott! Wie soll ich das verstehen?
Ich bitte dich, komm, zeig es mir!

Bist du ein Freund, dem ich vertraue
und dem ich alles sagen kann,
mit dem ich eine Bude baue
und über Mauern springen kann?

Bist du wie eine Kuscheldecke?
Ich kuschel mich in sie hinein,
und wenn ich in der Decke stecke,
dann schlaf ich ganz zufrieden ein.

Reinhard Bäcker

Advent

Wir sagen euch an den lieben Advent

Wir sagen euch an den lieben Advent.
Sehet, die erste Kerze brennt.
Wir sagen euch an eine heilige Zeit.
Machet dem Herrn die Wege bereit.

Wir sagen euch an den lieben Advent.
Sehet, die zweite Kerze brennt.
So nehmet euch eins um das andere an,
wie auch der Herr an uns getan.

Wir sagen euch an den lieben Advent.
Sehet, die dritte Kerze brennt.
Nun tragt eurer Güte hellen Schein
weit in die dunkle Welt hinein.

Wir sagen euch an den lieben Advent.
Sehet, die vierte Kerze brennt.
Gott selber wird kommen, er zögert nicht.
Auf, auf, ihr Herzen, werdet Licht.

Maria Ferschl

Zeit des Wartens

Jesus, ich kann es kaum erwarten,
dass du kommst.
Bis Weihnachten ist es noch so lang!
Komm schon jetzt
und hilf mir,
mich vorzubereiten auf den Tag,
an dem du zur Welt gekommen bist.

Hilf mir, Freude zu bringen, wo Traurigkeit
und Licht, wo Dunkelheit ist.
Lass mich aufmerksam sein,
damit ich deinen Frieden auch
an unerwarteten Orten entdecken kann,
selbst in einem Stall.

Komm, Jesus, komm bald!

Sei gegrüßt, lieber Nikolaus

Der Nikolaus ist hier.
Schon klopft es an die Tür.
Wir rufen laut: „Herein!"
Da tritt er bei uns ein.

„Sei gegrüßt, lieber Nikolaus!"
Wieder gehst du von Haus zu Haus.
Alle Kinder lieben dich,
warten schon und freuen sich,
teilst du dann deine Gaben aus,
dankeschön, dankeschön, lieber Nikolaus.

Du bist ein lieber Mann,
das sieht dir jeder an.
Siehst wie ein Bischof aus,
wie Bischof Nikolaus.
Sei gegrüßt, lieber Nikolaus …

Der Bischof Nikolaus
teilt' einst die Gaben aus.
Du machst es ebenso,
drum sind wir Kinder froh.
Sei gegrüßt, lieber Nikolaus …

Rolf Krenzer

Weihnachten

Das Weihnachtsevangelium nach Lukas

In jenen Tagen erließ Kaiser Augustus den Befehl, alle Bewohner des Reiches in Steuerlisten einzutragen. Da ging jeder in seine Stadt, um sich eintragen zu lassen. So zog auch Josef von der Stadt Nazaret in Galiläa hinauf nach Judäa in die Stadt Davids, die Betlehem heißt; denn er war aus dem Haus und Geschlecht Davids. Er wollte sich eintragen lassen mit Maria, seiner Verlobten, die ein Kind erwartete.

Als sie dort waren, kam für Maria die Zeit der Geburt. Sie gebar ihren Sohn, den Erst-geborenen. Sie wickelte ihn in Windeln und legte ihn in eine Krippe, weil in der Herberge kein Platz für sie war.

In jener Gegend lagerten Hirten auf freiem Feld und hielten Nachtwache bei ihrer Herde.

Da trat der Engel Gottes zu ihnen, sein heller Glanz umstrahlte sie.

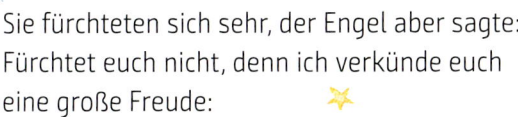

Sie fürchteten sich sehr, der Engel aber sagte:
Fürchtet euch nicht, denn ich verkünde euch
eine große Freude:
Heute ist euch der Retter geboren; er ist der
Heiland und Erlöser, Christus, der Herr.
Und so erkennt ihr ihn: Ihr werdet ein Kind
finden, das, in Windeln gewickelt, in einer
Futterkrippe liegt.
Und plötzlich war der ganze Himmel voll
mit Engeln. Sie jubelten:
Herrlich ist Gott, er bringt Frieden den
Menschen auf der Erde.
Als die Engel in den Himmel zurückgekehrt
waren, sagten die Hirten zueinander:
Lasst uns nach Betlehem gehen.

So eilten sie hin und fanden Maria und Josef
und das Kind, das in der Krippe lag.

Lukasevangelium 2,1–16, gekürzt und nacherzählt

Geboren ist das Kind zur Nacht

Geboren ist das Kind zur Nacht
für dich und mich und alle,
drum haben wir uns aufgemacht
nach Betlehem zum Stalle.

Sei ohne Furcht, der Stern geht mit,
der Königsstern der Güte,
dem darfst du trauen, Schritt für Schritt,
dass er dich wohl behüte.

Und frage nicht und rate nicht,
was du dem Kind sollst schenken.
Mach nur dein Herz ein wenig licht,
ein wenig gut dein Denken,

mach deinen Stolz ein wenig klein,
und fröhlich mach dein Hoffen –
so trittst du mit den Hirten ein,
und sieh: Die Tür steht offen!

Ursula Wölfel

Der freudenreiche Rosenkranz

Gegrüßet seist du Maria …
und gebenedeit ist die Frucht deines Leibes
Jesus,

- den du vom Heiligen Geist empfangen hast

- den du zu Elisabeth getragen hast

- den du zu Betlehem geboren hast

- den du im Tempel aufgeopfert hast

- den du im Tempel wiedergefunden hast.

Im Tempel aufgeopfert heißt: Maria hat Jesus in den
Tempel gebracht und ihn Gott anvertraut.

Herr, mach mich zu einem Werkzeug

Herr, mach mich zu einem Werkzeug deines
Friedens,
dass ich liebe, wo man hasst,
dass ich verzeihe, wo man beleidigt,
dass ich verbinde, wo Streit ist,
dass ich die Wahrheit sage, wo Irrtum ist,
dass ich Glauben bringe,
wo Zweifel droht,
dass ich Licht entzünde,
wo Finsternis regiert,
dass ich Freude bringe,
wo Kummer wohnt.

Herr, lass mich trachten,
nicht dass ich getröstet werde,
sondern dass ich tröste,
nicht dass ich verstanden werde,
sondern dass ich verstehe,
nicht dass ich geliebt werde,
sondern dass ich liebe. Amen.

Segen zum neuen Jahr

Segne den ersten Tag, mein Gott,
und den letzten.

Meine Hände mögen segnen,
was sie anfassen.
Meine Ohren mögen segnen,
was sie hören.
Meine Augen mögen segnen,
was ihnen begegnet.
Mein Mund möge segnen
mit jedem Wort.

Lass mich nicht aus deinen Augen,
mein Gott,
aus deinen Händen,
aus deinem Ohr,
aus deinem Herzen,
an diesem Tag und alle Tage
des Jahres, das kommt. Amen

Fastenzeit

Feuer entsteht aus kleinen Funken

Feuer entsteht aus kleinen Funken –
aber nur, wenn es etwas gibt,
das sich anstecken lässt.
Dann wird der Funken zu einem Licht,
das wärmt und durch seine Hitze
etwas verändert.

Gott,
lass deinen Funken
auf mich überspringen,
damit ich deinen Funken
weitertragen kann,
damit ich die Welt ein bisschen
verändern kann,
damit ein großes Feuer entsteht,
das Wärme und Licht bringt,
das Hoffnung weckt und die Angst nimmt.
Amen.

Fasten heißt: kleine Schritte wagen.

Kreuzweg

1. Station: Jesus wird zum Tod verurteilt
Pilatus hat Angst, die Jünger haben Angst …
und Jesus nimmt das ungerechte Urteil an.

2. Station: Jesus nimmt das Kreuz auf sich
… und Jesus drückt sich nicht vor dem
Unangenehmen und Leidvollen.

3. Station: Jesus fällt zum ersten Mal unter
dem Kreuz
… und Jesus bleibt nicht liegen, sondern steht
auf und geht weiter.

4. Station: Jesus begegnet seiner Mutter
… und Jesus und Maria schauen sich in die
Augen und geben sich gegenseitig Halt.

5. Station: Simon von Cyrene hilft Jesus das
Kreuz tragen
… und Simon drückt sich nicht, auch wenn er
es nicht gern tut.

6. Station: Veronika reicht Jesus das Schweißtuch
… und es ist Veronika egal, was die anderen
von ihr denken.

7. Station: Jesus fällt zum zweiten Mal unter
dem Kreuz
… und Jesus stellt sich auf die Seite der
Verlierer.

8. Station: Jesus begegnet den weinenden Frauen
… und Jesus ist nicht blind für das Leid der
anderen.

9. Station: Jesus fällt zum dritten Mal unter
dem Kreuz
… und Jesus vertraut auf den Plan Gottes
und steht wieder auf und geht weiter.

10. Station: Jesus wird seiner Kleider beraubt
… und Jesus hält trotzdem an seiner Liebe
zu uns fest.

11. Station: Jesus wird ans Kreuz genagelt
… und Jesus verzeiht denen, die ihm große
Schmerzen zufügen.

12. Station: Jesus stirbt am Kreuz
… und Jesus liebt uns so sehr, dass er sein
Leben hingibt.

13. Station: Jesus wird vom Kreuz abgenommen
und in den Schoß seiner Mutter gelegt
… und Maria ahnt, dass der Tod nicht das
Ende ist.

14. Station: Der Leichnam Jesu wird ins Grab
gelegt
… und wo niemand mehr Leben erwartet, da
entsteht das Leben in Fülle.

Aber am ersten Tag der Woche – das ist unser Sonntag –
ist Jesus auferstanden …

Ostern

Der Weg nach Emmaus

Am ersten Tag der Woche, am dritten Tag nachdem Jesus gestorben war, machten sich zwei Jünger auf den Heimweg in ihr Dorf. Es hieß Emmaus.
Sie sprachen über all das, was geschehen war. Da kam Jesus hinzu und ging mit ihnen. Doch sie erkannten ihn nicht.
Er fragte sie: Was sind das für Dinge, über die ihr miteinander redet? Da blieben sie traurig stehen und einer von ihnen antwortete ihm: Bist du so fremd in Jerusalem, dass du als Einziger nicht weißt, was in diesen Tagen dort geschehen ist? Er fragte sie: Was denn? Sie antworteten ihm: Das mit Jesus aus Nazaret. Er war ein Prophet, er hat Wunder gewirkt und Kranke geheilt. Doch er wurde zum Tode verurteilt und ans Kreuz geschlagen. Wir aber haben gehofft, dass er Israel erlösen würde.

Da sagte er zu ihnen: Begreift ihr denn nicht? Der Christus musste leiden, um in seine Herrlichkeit zu gelangen. Und er erklärte ihnen, was in der gesamten Schrift über ihn geschrieben steht.

So erreichten sie das Dorf. Jesus tat, als wolle er weitergehen, aber sie sagten zu ihm: Bleib doch bei uns, denn es wird bald Abend. Da ging er mit hinein. Und als er bei Tisch war, nahm er das Brot, sprach den Lobpreis, brach das Brot und gab es ihnen.

Da erkannten sie Jesus. Doch sogleich sahen sie ihn nicht mehr. Und sie sagten zueinander: Brannte nicht unser Herz, als er unterwegs mit uns redete und uns den Sinn der Schriften eröffnete? Noch in derselben Stunde brachen sie auf, um den anderen zu erzählen: Jesus lebt, wir haben ihn gesehen.

Lukasevangelium 24,13–32, nacherzählt

Lass es Ostern werden in mir

Durchstrahle mein Dunkel
mit deinem Licht!

Nimm meine Trauer,
tröste und stärke mich!

Brich es auf, mein Herz,
wenn es hart und frostig geworden ist.

Belebe mich mit deiner Freude,
lass mich strahlen, wie die Sonne am Morgen.

Heile meine Wunden
mit deiner Liebe.

Wandle mich und lass mich
mit dir auferstehen.

Lass es Ostern werden in mir.

Pfingsten

Das Pfingstereignis

Als der Tag des Pfingstfestes gekommen war,
waren alle zusammen am selben Ort. Da kam
plötzlich vom Himmel her ein Brausen, wie
wenn ein heftiger Sturm daherfährt, und
erfüllte das ganze Haus, in dem sie saßen.

Und es erschienen ihnen Zungen wie von Feuer,
die sich verteilten; auf jeden von ihnen ließ sich
eine nieder. Und alle wurden vom Heiligen Geist
erfüllt und begannen, in anderen Sprachen zu
reden, wie es der Geist ihnen eingab.

Aus der Apostelgeschichte 2,1–4

Gebete für das Leben

Zum Geburtstag

Vergiss es nie, dass du lebst,
war keine eigene Idee,
und dass du atmest,
ist kein Entschluss von dir.

Vergiss es nie, dass du lebst,
war eines anderen Idee,
und dass du atmest,
ist sein Geschenk an dich.

Du bist gewollt, kein Kind des Zufalls,
keine Laune der Natur.
Ganz egal, ob du dein Lebenslied
in Moll singst oder Dur.

Du bist ein Gedanke Gottes,
ein genialer noch dazu.
Ja, das bist du.

Von guten Mächten

Von guten Mächten
treu und still umgeben,
behütet und getröstet wunderbar.

So will ich diese Tage mit euch leben
und mit euch gehen
in ein neues Jahr.

Von guten Mächten
wunderbar geborgen
erwarten wir getrost,
was kommen mag.

Gott ist bei uns am Abend und am Morgen
und ganz bestimmt an jedem neuen Tag.

Dietrich Bonhoeffer

An schlimmen Tagen

Gott, weil du mich erdacht,
glaube ich nicht den Zweiflern,
die sagen,
das kannst du nicht.

Gott, weil du mich erdacht,
glaube ich nicht den Ängstlichen,
die sagen,
was werden die Leute sagen.

Gott, weil du mich erdacht,
vertrau ich auf meinen Mut,
ich selbst zu sein.

Gott, weil du mich erdacht,
vertrau ich dir mein Leben an.

Wenn du einen Menschen verlierst

Ja, du unser Gott, es ist so,
wie wir es nicht glauben können.
Der Mensch, der uns so nahe war,
dem wir so nahe waren,
er ist nicht mehr da.

Geh du jetzt mit uns in diese Tage hinein!
Lass uns dort, wo es notwendig ist, stark sein.
Und lass uns Menschen finden,
bei denen wir schwach sein können,
bei denen wir uns ausweinen können.

Und bleib du uns nicht fern,
steig herab in unsere Trauer.

Gott ist stärker als der Tod

Ich glaube an einen Gott,
der sich mir gezeigt hat in Jesus Christus,

der mir nahe ist – und nicht fern,
der mich begleitet und mitgeht –

auch in das Dunkel meines Lebens,
der nicht davonläuft vor meinem Leid,

der nicht erschrickt vor meiner Angst,
der immer wieder JA zu mir sagt
und mich versteht,

weil er selbst gelitten hat und jede Einzelheit
des Leides kennt.

Ich glaube an Gott,
der meinem Leben Sinn geben will –
auch in scheinbar sinnlosen Situationen.

In seiner Liebe ist alles, was geschieht,
aufgehoben – und nichts ist umsonst.

Ich glaube an Gott,
der mir nahe ist im Heiligen Geist,
dessen Liebe mich umfängt und begleitet
für alle Zeit.

Amen.

Quellenverzeichnis

S. 20, 22, 24–25 und 85: Diese Bibelstellen sind der Einheitsübersetzung der Heiligen Schrift © 2016 Katholische Bibelanstalt GmbH, Stuttgart, entnommen. Alle Rechte vorbehalten.
Die anderen Bibelstellen im Buch sind frei nacherzählt.

S. 38 und S. 67: Mein Gott, ich kann dich gar nicht sehen.
Liedtext von Reinhard Bäcker, aus: „Heut ist ein Tag, an dem ich singen kann", Folge 1 © Menschenkinder Verlag und Vertrieb GmbH, Münster, c/o Melodie der Welt GmbH & Co. KG, Frankfurt am Main.

S. 53: Was uns die Erde Gutes spendet. 1. Strophe des gleichnamigen Liedes von Friedrich Dörr aus dem Gotteslob Nr. 186 © Caritasverband für die Diözese Eichstätt.

S. 56: Es ist schön, solche Freunde zu haben. Der Text des österreichischen Jungscharliedes stammt von Leo Lukas (Rechte beim Autor).

S. 61: Wie kann man alle Menschen liebhaben?
Der Text stammt von Marielene Leist, Gebetbuch für Kinder und ihre Eltern, erschienen im Verlag Herder, Freiburg 1978.

S. 68: **Wir sagen euch an den lieben Advent.** Der Text des gleichnamigen Liedes aus dem Gotteslob Nr. 223 stammt von Maria Ferschl © VG Musikedition, Kassel.

S. 70: **Sei gegrüßt, lieber Nikolaus.** Der Text des gleichnamigen Liedes stammt von Rolf Krenzer und ist entnommen aus: „Detlev Jöckers 40 schönste Advents- und Weihnachtslieder" © Menschenkinder Verlag und Vertrieb GmbH, Münster, c/o Melodie der Welt GmbH & Co. KG, Frankfurt am Main.

S. 74: **Geboren ist das Kind zur Nacht.** Das Gedicht stammt von Ursula Wölfel (1922–2014) © Bettina Wölfel, Walluf.

S. 87: **Von guten Mächten.** Der Text des gleichnamigen Liedes stammt von Dietrich Bonhoeffer aus: Widerstand und Ergebung, Gütersloh 1998.

Wir danken den Autoren und Verlagen für die freundliche Genehmigung zum Abdruck. Leider war es uns nicht in allen Fällen möglich, die Rechteinhaber zu ermitteln. Wir bitten um Hinweise an den Verlag. Allfällige Ansprüche werden gerne nachträglich abgegolten.